TAG UM TAG

Marlene Dillig

Tag um Tag

Gedichte zwischen Dunkelheit und Licht

DEUTSCHER LYRIK VERLAG (dlv)

Der deutsche lyrik verlag (dlv) ist ein Imprint
der Karin Fischer Verlag GmbH, Aachen.

Besuchen Sie uns im Internet:
www.deutscher-lyrik-verlag.de · www.karin-fischer-verlag.de

Bibliografische Information
der Deutschen Nationalbibliothek
Die Deutsche Nationalbibliothek verzeichnet
diese Publikation in der Deutschen Nationalbibliografie;
detaillierte bibliografische Daten sind im Internet über
http://dnb.d-nb.de abrufbar.

ISBN **978-3-8422-4647-8**

Für den wahren Maskenmeister,

für ein besonderes Wesen,

und für Dagmar

DER MASKENMEISTER

Deine Augen sind traurig,
Du lächelst nicht,
Dein Anblick ist schaurig,
Ist das dein Gesicht?

Du sagst, du wärst glücklich.
Ich kann es nicht sehen.
Doch es entzückt. Ich
Kann nicht widerstehen.

Die Maske verbirgt, was du bist.
Du nimmst sie nicht ab,
Was für ein Mist.

Ob Wut, Hass, Leidenschaft,
Man sieht's dir nicht an.
Wo steckt der Mann
Mit all seiner Kraft?

Er versteckt sich,
Doch nur wovor?
Er erschreckt mich
Wie ein zwielichtiges Moor.

Nur selten scheint es mir,
Als sähe ich unter der Maske dich.
Ein wahres Gefühl von dir,
Dann verzaubert es mich.

Doch was nur, ich sollte merken es nicht,
Wenn Wut, Hass, Leidenschaft
Sich spiegelt in Maske und Gesicht?
Wenn er, voller Wut entbrannt, setzt auf
Seine letzte Maske, besser lauf!
Aufgesetzt, es trügt der Schein.
Doch Maske soll nicht Maske sein.

Wahrhaft, du bist der Maskenmeister!
Beängstigend, mehr noch als Geister!
Und immer wieder fürcht ich mich,
Dass die Maske kann beherrschen dein Ich.

So bleibt mir nur zu vertrauen,
In deine Augen zu schauen,
Deinen Worten zu glauben
Und mich meiner Liebe nicht lassen berauben.

23. Januar 2012

ZEIT

Oh, du meines Herzens Gemahl
Bedenke deiner Zukunft gut
Maskenball im geschmückten Saal
Zu unterscheiden braucht es Mut

Bedeckt in Schwarz soll sein
Dein Gesicht geheim-gemein
Dies ist die Vergangenheit
An sie zu denken ist wahrlich nicht gescheit

Grau so scheint es im Moment
Nicht ganz klar es klemmt
Die Maske will nicht richtig sitzen
Doch Gegenwart lässt Zukunft blitzen

Weiß wird leuchten, Maske klar und deutlich
Wann ist der Ball zu Ende?
Soll balde stimmen glücklich mich
Sobald enthüllt der Zukunft Blende

20. Mai 2014

Ganz allein sitz ich im Flur
Und wollte bleiben stur
Als du mich zum Tanze fragtest
Und tatsächlich, ja, ich wagt' es

Wirbelnd im Konfettiregen
Waren wir doch sehr verwegen
Wusste nicht so recht, warum
als ich war so dumm
ließ ich dich dort einfach stehen
als ich dacht', ich sollte gehen.

Ohne Namen, ohne Nummer
bereitete es mir doch Kummer
Ein Abschiedskuss ließ Hoffnung scheinen
Eine Woche später dann sollte ich Freudentränen weinen

22. Mai 2014

DAS RAUBEN

Ich bin die Katze
Du bist der Tiger
Raubst du mir mein Herz
Sind wir beide frei von Schmerz

28. Mai 2014

Die Katze

Fremde Haut
Ein Kuss geklaut
Das Eis es taut
Ich schrei ganz laut

Die Katze erst schaut
Und hört jeden Laut
Nimmt Acht eh sie sich traut
Zu schreien ganz laut
Und nicht mehr miaut
Wenn man sie krault

28. Mai 2014

Regengeflüster

Der Regen riecht
Der Regenwurm kriecht
Die Schnecke ist nackt
Ihr Haus das knackt

28. Mai 2018

DIE ENTKLEIDUNG

Knopf um Knopf
Du öffnest meinen Zopf
Bis das Hemd fällt
Mein Haar sanft gewellt

Widerspenstige Gürtelschnalle
Du bist mit meinem Rock zugange
Endlich frei von der engen Hose
Kann beginnen nun die heiße Chose

25. Juli 2014

Das Spitzenhöschen

Gedämpftes Licht.
Es folgt ein Gedicht
Über ein heißes Spitzenhöschen,
Das geschmückt ist auf Schwarz mit roten Röschen.

Es verdeckt,
Es versteckt,
Das soll werden geleckt,
Doch ist es bedeckt
Durch ein heißes Spitzenhöschen,
Das geschmückt ist auf Schwarz mit roten Röschen.

Das Bedeckte entzückt,
Strahlt vor Glück,
Wenn man abstreift das Höschen,
Das zier'n tausend rote Röschen.

Es wartet,
Während sie startet,
Und stöhnt,
Weil er sie verwöhnt
An der nun enthüllten Stelle,
An der er überschreitet die Schwelle.

Eine Rose voller Pracht,
Enthüllt, berühren muss man sie sacht,
Voller Hingabe, mit Bedacht,
Hat er nun doch alle Macht.
Kein Schutz mehr durch das Spitzenhöschen,
Das geschmückt ist auf Schwarz mit roten Röschen.

Rot entspringt der Blüte Leben
Dort unten. Kann's was Schön'res geben?
Ein Duft, so intensiv und rein,
Nimmt den nahen Liebenden ein.
Vormals begrenzt mit schwarzem Höschen,
Das schmückt und verziert das rote Röschen.

25. Juli 2014

Das Blumenkleid

Soll mich schmücken und beglücken
Für das Muster Blumen pflücken
Bin komplett mit allen Stücken
Ansehnlich doch, fast zum Entzücken.

26. September 2014

ANDERE WELTEN

Kobolde, Feen und Zwerge
hausen still und heimlich
in Moos und Laub vermeintlich,
Unten in der Erde, in Höhlen im Berge.

Falls du es vermagst, dann glaub
an die Wesen der Märchen und Sagen,
die sich selten aus dem Berge wagen
in den der Welten kalten Staub.

In einer Welt der Fabeln, Mythen und Geschichten
leben sie, sogar in Gedichten.
Flink sind sie, daher siehst du sie selten,
gehören sie doch in andere Welten.

26. September 2014

Die Kastanie

Am Baum hoch oben hängt sie da,
einmal, immer, jedes Jahr.
Doch in Grün ummantelt, unscheinbar,
ist sie geschützt vor der Gefahr.

Nun wartet sie am dünnen Zweige
in ihrem grünen, spitzen Kleide,
bis der Wind sie trägt zu Erde,
auf dass aus ihr ein Baume werde.

Doch fällt sie auf Asphalt und Blätter,
bei Regen, Sonne, Wind und Wetter,
liegt sie geschützt in ihrem Kleide
unterm Baum, der Krone Zweige.

Dort wartet sie, bald schon entkleidet
und von allen anderen beneidet,
weil ein behütet' Mann sie find,
der trägt sie durch den kalten Wind.

Warm liegt sie nun in seiner Hand,
in der Tasche, dem Gewand,
in ihrem neuen, schützend' Kleide,
einem Mantel, ganz ohne Zweige.

Herbst 2014

Unter der Decke

Nicht zu sehen, bin bedeckt
Im Nu verschwunden, schnell versteckt
Bereit bin ich, hab dich erschreckt
Und nicht mehr sind wir unbefleckt

5. Dezember 2014

Geopfert

Nicht gesehen, unbemerkt
Fertig ist nun euer Werk
Tief ihr für den Sarge grabt
Zu Grund gerichtet ihr mich habt

5. Dezember 2014

Winter

Still und schweigsam der Schnee
Glitzerndes Eis, das bedeckt den See
Prasselndes Feuer, knisternd und warm
Das ist des sanften Winters Charme

6. Dezember 2014

BIEST

Ein Biest, es ruht
Pulsiert wie Blut
In meinem Herzen
Befreit sich bei Schmerzen

Kämpft für mich
Und gegen dich
Es tut mir leid
Edler Ritter, verzeiht

9. Dezember 2014

Nacht

Im Nebel dicht verpackt
Der Glockenturm der Stadt.
Der Zeiger tickt, die Glocke schlägt.
Der Wärter die Laterne trägt.

Eine Katze, schwarz, sie huscht ums Eck.
Verschwunden im Nebel, in ihr Versteck.
In des Baumes Krone wacht die Eule,
Wenn sie zieht auf, der Stadtwelt Fäule.

Nehmt euch in Acht in dieser Nacht,
Sonst habt ihr zuletzt gelacht
und werdet zur gefang'nen Seele
der Stadt, untergeben dem Befehle.

Es wachet einer über alle,
Über Tote, über Gefall'ne.
Niemals wieder gibt er sie frei.
Lebt er doch von der Seelen Geschrei.

22. Juni 2015

Der Adventsmarkt

Stille Nacht,
Flocken schweben sacht
Auf deine Nasenspitze.
Zusammen lachen wir über Witze.

Heilige Nacht,
Die Königstiger in ihrer Pracht
Schleichen umeinander her
Unter der Engelstränen Lichtermeer.

Alles ruht,
Die Königstiger in Anmut
Wärmen sich an der Glut des Feuers,
Umringt von des Schlosses altem Gemäuer.

Zweisam wacht,
Nicht nur das Feuer ward entfacht.
Kann es wirklich Liebe sein?
Alles muss in Zeit gedeihn!

22. Juni 2015

Unterm Moos
so weich dein Schoß
entspringt das Leben
feucht vom Regen

18. Mai 2016

Für immer im Herzen

Nicht mehr auf dem Blatt
Aber für immer im Herzen
Ein anderer an deiner Statt
Nichts mehr als Schmerzen

Ich lieg nicht mehr bei dir
Und du nicht mehr bei mir
Ich will bei dir liegen
Meinen Körper an dich schmiegen
Bist du doch meiner Seele so nah
Wie es nie einer sein wird und war

Du setztest mich einst schachmatt
Hast mich verlassen, ließ'st mich zerbersten
Nicht mehr auf dem Blatt
Aber für immer im Herzen

18. Mai 2016

Nächtliches Treiben

Er wacht bei Vollmond
In Wäldern, wo niemand wohnt,
Auf Bergen, wo niemand wagt
Sich hinzubegeben.
Von fern es klagt

In Sicherheit sie sitzt
In der Kron' hoch oben geschützt.
In Bäumen, wo sie ist allein,
Immer aufmerksam
In des Mondes Schein.

Unbemerkt er schleicht
Im Dunst des Nebels bleich.
Einzig seine Augen blitzen
Durch unverdeckte Schleierritzen.

Lautlos schwebt sie über ihm,
Die Luft zum Fliegen nur geliehn.
Einzig ihre Augen funkeln
Geheim im schwarzen Nachtesdunkeln.

Was war das?
Geheul!
Schuhu!
Verstummt im Nu.
Es lauert der Gräuel,
Der Vollmond blass.

Ein Flattern, ein Flügelschlag,
Ein Käuzchen klagt.
Die Tatze wagt, ein Stöckchen knackt.
Das Lauschen beider sagt:
Es hat begonnen die Jagd.

16. Juli 2016

WASSERMANN

Geboren im Wasser
So frisch und nass er
Schwimmt im Freien
Zusammen mit Haien

Ein Krebs ihm begegnete
Als still es regnete
Auf den Spiegel des Ozean
Dem einsamen Wassermann

August 2016

Ungesehen

Ruhig, still und ungesehen
Von jenen, die mich nicht verstehen
Werd ich gesehen
In Schwarz in einer Menge Weiß zu stehen
Ist merkwürdig und unangenehm?

Ich brauche Zeit, um mich zu zeigen
Bis dahin muss ich Qualen leiden
Zwischen Menschen, die sich in Weißes kleiden
Und mich vielleicht um Schwarz beneiden?

Doch in Schwarz bin ich allein
Niemals weiß werde ich sein
Ruhig und ach so still wie Stein
Schein ich zu sein
So soll es sein
Für jene, die niemals sind allein
Ich bleib wie ich bin – ein Stein?
Na fein!

10. August 2016

ICH BIN

Ich bin eine Jägerin
Auf der Suche nach Schätzen,
Fossilien, begraben,
an unbekannten Stätten.

Ich bin ein Programmcode
Auf der Suche nach Sinn,
Gefangen in Schleifen,
Solange ich bin.

Ich bin ein Leben
Auf der Suche nach Tod,
Einem Gedanken gegeben,
Doch ist's ein Verbot.

Ich bin, der ich bin
Auf der Suche nach dir,
Wenn ich hab dich gefunden,
Bleib ich, bin bei dir.

23. März 2017

Gottes Wartehalle

Lichter flackern,
Schatten spielen,
Seiten flattern,
Engel fielen.

August 2017

Gleichschritt, Marsch!

Menschen, springt! –
    Tod, er lebe!
Menschen, schießt! –
    Leben, sterbe!
Gleichschritt, Marsch! –
    Hand erhebe!
Schritt um Schritt! –
    Erde, bebe!
Macht der Mächt'gen –
    Blut, es klebe
An den Händen. –
    Sprecht Gebete!
Ich bitt dich, Gott! –
    Der uns erhebe.

Steh uns bei
    In größter Not!
Das Höchste ist:
    Du gabst Gebot!
Doch Regel ist
    Sogleich Verbot.
Und jeder Mensch,
    Wenn er nur log,
Als sich ihm
    Die Tat erbot,
Gab sich hin
    Der Macht, erhob
Sich in die Tiefen,
    Hofft auf Lob.

August 2017

Das Dunkelreich

Komm mit mir ins Dunkelreich
Dort vorbei am trüben Teich
Verborgen ruht es hinten gleich
Ein Schleier, weiß, erschütternd, bleich
Ein Schritt trennt uns nur von der Leich'
Zu der ein Körper wird sogleich
So kalt wie Stein und nicht mehr weich

Hülle trennt sich von der Seele
Frei von Vernunft und vom Befehle
Tief lag sie, wie tausend Meere
Zurück bleibt nun die stille Leere
Wie Gräber lang vergang'ner Heere
Marschierten und erhoben Speere
Doch der Tod war ihre Lehre

Fühlst du den Nebel, wie er schwebt
Und sich in deiner Seele regt
Er sie aus Tiefen sanft erhebt
Wenn um sie welkes Laub verweht
Der Lebenshauch entsteht, vergeht
Hinein sie tritt und leicht erbebt
Das Dunkelreich dahinter lebt

19. Oktober 2017

Ich wünsche dir

Ich wünsche dir Schmerz
Reiß aus dir dein Herz
Will hören dich schreien
Dir Qualen bereiten

Ich wünsche dir Leid
Eine gefolterte Maid
Ist nichts gegen das
Wenn dich trifft mein Hass

Ich wünsch dir den Tod
Gegen jedes Gebot
Ich werd dich dort sehen
Denn ich werd nun gehen

Ich wünsche dir Heil
Sei stark wie ein Seil
Geflochten zu Binden
Was du nur kannst finden

Ich wünsche dir Segen
Zum Schutz dir gegeben
Vor der bösen Verführung
Des Teufels Berührung

Ich wünsche dir Frieden
Möge all das erliegen
Was dir steht im Wege
Erheb dich und lebe

Frühjahr 2017

WINTERMOND

Klar und bleich wirft der Mond sein Licht
So voll und ruft, was er verspricht.
Durch dünne Zweige dringt der Strahl
Erweckt die Schatten, wie er's befahl.

Im Zwielicht regt sich Zwielicht'ges.
Erwacht im Mond aus Düsternis.
Die Haare stelln sich auf zur Jagd,
Das Blut zu kosten einer jungen Magd.

Der Vollmond treibt die Bestie an.
Ein Biss den Fluch einst so begann.
Kein einz'ger wollt' es haben wahr,
Doch, ja, er ist's, der Wolf ist da!

2017

Dunkelheit

Ein Wispern, ein Munkeln
Im grausigen Dunkeln
Huscht flackernd ein Funkeln
Aus roten Augen, wie Tunneln

22. Oktober 2017

Du Hur'

Blute und erstick daran
Die Straf' dafür, wenn man sich nahm
Zu Unrecht all das du willst nur
Leid soll dir wiederfahrn, du Hur'!

Vergriffen hast du dich daran
Den Mann mir einst man grausam nahm
Gedacht hast du an dich ja nur
Wollt'st haben, was nicht war dein, du Hur'!

Dein Leben lang denke daran
Verfolgen soll dich, was ich nahm
Dir durch mein Leiden, Verzweiflung nur,
Nichts Bessres bist du als 'ne Hur'!

22. Oktober 2017

Der Panzer

Ich bin der Panzer, der rollt,
genauso wie's gewollt.
Stahl und Platten, massiv und stark
halten zusammen, was ihnen vermag
zu schützen, was verbirgt sich in ihm drin.

Vor Schüssen und Gewalt
ist sicher, heil die ein lebend' Gestalt
Was verbirgt sich hinter Ketten und Maschinen,
Rädern und Geschoss. Lawinen
machtlos gegen das, was verwahrt ist dahinter.

20. November 2017

Die Hexe

Schmücke und lackiere
Finger, Nägel, ausstaffiere,
Nagellack und Fingerringe,
funkelt, glitzert. Silber, singe.

Nylon zart benetzt die Haut,
sei's nur einem Mann erlaubt,
berühren und entlangzugleiten,
zu Schlimmem können sie verleiten.

'ne Frau, geschmückt und hübsch behangen,
ruft nach stillendem Verlangen.
Verhext, wer blickt ihr ins Gesichte,
auf dass sie dich sofort vernichte!

15. Januar 2018

Hinein ins Meer

Wellen umspielen meine Zehen
Kühl das Wasser, doch so angenehm
Steine, Sand, Ozean – hört mein Flehen
Sagt mir: »Wann ist meine Zeit zu gehen?«

Unter mir versinkt der Boden
Leben waren, sind nicht mehr verwoben
Haben wir endgültig uns verloren?
Nie für einander auserkoren?

Du warst mein lebensfroher Anfang
Doch steh ich nun am tödlich' Abhang
Ein Schritt weiter noch und dann
Heraufbeschworen der größte Bann

Es sollt nicht sein, doch immer warst und bist
Du mein Gemahl, bis man vergisst
Dass wir jemals war'n auf Erden
Begonnen und geendet all das in Verderben

Ein letzter Funke Hoffnung bleibt
Dass heilen möge all das Zeit
Werden wir jemals sein bereit,
Bevor geendet hat die Zeit ...?

Ein Schritt, noch einer, war's zu weit?

19. Februar 2018

Ein Tanz mit dir

Du gabst mir neues Leben
Als du reichtest mir die Hand zum Tanz
Endlich war die Zeit so reif
Um zu bestreiten diesen Kampf

Zu Beginn noch traten wir
Einander auf die Füße schmerzlich
Bis wir gaben uns Vertrauen
Und waren zueinander gar so herzlich

Du führtest mich und gabst mir Halt
Und zögerlich konnt' ich dir folgen
Umeinander zogen wir die Kreise
Bis wir schwebten in den Wolken

Dort schweb und tanz ich immer noch
Doch trüben Schleier mir die Sicht
Bin nicht sicher ob wir tanzen
Zusammen immer noch im Licht

Zum Tanze reicht' ich dir die Hand
Doch was wird nach dem Ende sein
Wenn wir uns stehen gegenüber
War all das nur ein täuschend' Schein?

19. Februar 2018

ICH TU MIR WEH

Pack mich, drück mich,
beiß mir in den Hals!
Nimm mich, schlag mich,
fest, noch fester!
Tu mir weh, tu mir weh!

Ich brenne, ich bebe,
warte auf die Schmerzen!
Ich stöhn und schreie,
laut, noch lauter!
Du tust mir weh, du tust mir weh!

Lass mich, geh nicht,
Blut tropft von der Lippe.
Die Klinge gleitet
tief, noch tiefer.
Ich tu mir weh, ich tu mir weh!

Februar 2018

MORGEN

Wenn nur noch still der Schnee sich legt
und sacht der Schleier leis verweht,
dann ist zu End', was ewig schien –
Zeit ist nicht dein, doch nur geliehn.

Ein Tropf', so rot und voller Glanz,
auf Weiß verheißt, ein töricht' Tanz,
Doch wenn vereint sich Hass und Lieb
ein Wunder voller Pracht geschieht.

Der Frühling klingt in leiser Stille,
Gedeiht in kalten Winters Hülle.
Noch ist verborgen, was neu wird blühen,
nach all der Schmerzen, Qualen, Mühen.

Und wenn die Farben, Blumen sprießen,
Gefühle wahrhaft echt ergießen,
so lang im Innersten verborgen,
der Nebel legt sich bald schon, morgen.

7. März 2018

WELLEN

Hinein sie ziehen mich ins Meer
Unvermeidbar heil die Wiederkehr
Aus dunklen Tiefen, neuen Welten
Dorthin Wellen trugen mich, zerschellten
Stark und stürmisch an spitzen Steinen
Ein Klagen hallt, Sirenen weinen

Mein Körper sinkt hinab so schwer
Leblos, bleich, kein Leben, leer
Durch des Meeres Willen getrieben
Ein Lebenshauch ist dort geblieben
Durchströmt die Adern, alle Glieder
Sirenen singen schaurig' Lieder

Mein Körper schwebt so leicht im Meer
Und setzt sich niemandem zur Wehr
Lässt zu den Tanz mit reißend' Wellen
Die spielen zärtlich, Geist erhellen
Die neue Welt, sie scheint so rein
Sirenenklang soll tödlich sein

28. April 2018

Ein Wesen

So unheimlich und schön,
schleicht um mich in weiten Kreisen.
Im Schutz des Farns, von Büschen und Zweigen
ist es unterwegs auf Tatzen, ganz leisen.
Im Dämmerlicht funkeln die Augen,
um die ihn Seinesgleichen beneiden.
Grau-grüne Schimmer betören,
gemischt mit Braun, wie ein Fluss,
der ist in allen Farben am Rauschen
– ganz nah nun ein Fauchen.

Schon längst bin ich im Bann der Kreatur,
gefangen und frei,
ausgeliefert der Natur.
Ich will mich nicht lösen
aus den Fängen des Wesens,
denn dies ist mein Schicksal,
den Karten entlesen.

Ich geb mich ihm hin,
seinen Klauen und wildwassernen Augen,
die in mich dringen,
mich fangen wie Schlingen,
bis mein Körper wird erklingen,
meine Seel' sie zum Leuchten bringen.

Mit diesem Wesen will ich gehen
und noch mehr wundervolle Zeiten sehen.

Frühjahr 2018

WOLFSBISS

Die Kehle heiß und schmerzhaft brennt,
nur der Wolf gerissen kennt,
was hypnotisiert,
bis man den Verstand verliert.

Er jagt geduldig seine Beute,
noch vor keinem Kampf er scheute,
bis er kann endlich reißen,
sein Opfer hungrig beißen.

Im Bann des Wolfes ist gefangen
ungestilltes Verlangen,
bis das Opfer ihm verfällt,
ein innig' Biss den Hals entstellt.

3. Mai 2018

Wie ein Fluss

Wie ein Fluss, manchmal zart und still,
Schmiegst du dich an mich,
Wie ich es will

Wie ein Fluss, so kraftvoll im Rauschen
Bringst du mich zum Schreien,
Und du bist am Lauschen

Wie ein Fluss funkeln mir Augen
Voller Geschichten entgegen
– Mein Körper am Beben

25. Mai 2018

8.6.2018

Zügle kurz die feuchte Zunge
Atemluft gönn meiner Lunge
Nur zwei Sekunden bleiben mir
Bis weiter stillst du deine Gier
Nach mir

Die Hand, sie drückt auf meinen Mund
Kann keinen Laut mehr geben kund
Kein Schreien, nur ersticktes Stöhnen
Durch verschloss'ne Türen tönen
Laute, die dich betören

Ich werd zu eigen deiner Lust
Du tust mit mir, was du tun musst
Du packst mich, ziehst an meinen Haaren
Doch Vorsicht: In dem Spiel bewahren
Sich Gefahren

8. Juni 2018

Der Glockenturm

Es war, als wär' die Zeit stehen geblieben
Kein Glockenschlag schlug mehr
Kein Zeiger stand mehr, wo er sollt'
Ob Tag, ob Nacht
Es kümmert nicht
Die Zeit stand still für uns
Doch bitterlich wir mussten spüren
Dass die Zeit wart fortgeschritten
Die Zeiger tickten weiter ohne uns
Die Glocke schlug
Ob wir uns wiederfinden können
Wie zwei Zeiger mitternachts
Die Zeit wird's zeigen
Wie die Uhrzeit auf dem Ziffernblatt

5. August 2018, 17:05 Uhr

GEWANDGESTALT

Die Rüstung schwer und schützend liegt
die Last auf meinen Schultern wiegt
in Leder, Stahl und Ketten siegt
nur der, der dem Verstand erliegt

Zu wohl fühl ich mich im Gewand
ich kämpfe weiter für mein Land
mein Ufer, das scheint weit und fern
unerreichbar, wie ein Stern

Es bleibt am End' nur eins zu tun,
um frei zu sein, der Kampf kann ruhn
leg ab die Rüstung, das Gewand
nur frei eroberst du das Land

20. September 2018

Die leiseste Nacht

Kein Wind, kein Stern
der Mond so fern
kein Kauz, kein Klagen
stillschweigende Fragen

Was bleibt, wenn geht
zuletzt das Licht
die Dunkelheit fleht:
ein standhaft' Gedicht

Die leiseste Nacht
bricht an, nicht lacht
gedenkt allem Leben
gegangen, vergeben

Die Hoffnung, sie lag
in des Mondes Strahl karg
doch auch er wollt' erlischen
im Dunkeln entwischen

So bleibt, was ist,
wenn's niemand vergisst
und geht all das
was leise verblasst

3. Oktober 2018

Inhalt